yukismart.com/b/e60b46
AF364760
1
2

baby

bebek

boy

oğlan

friends

arkadaşlar

girl

kız

smile

gülümsemek

cry

ağlamak

hair

saç

eye

göz

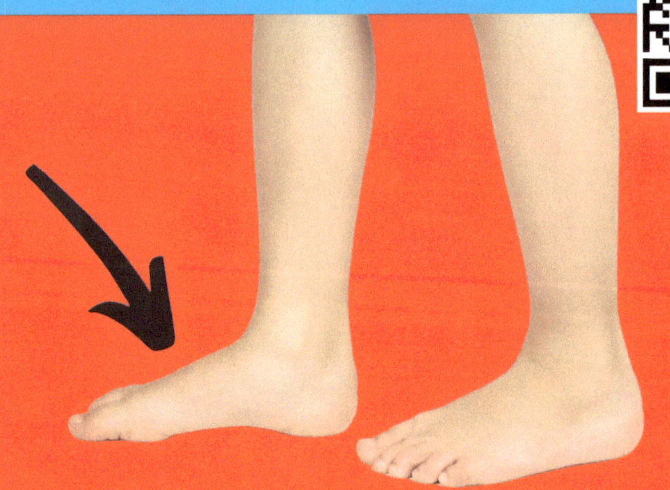

foot

ayak

hand

el

nose

burun

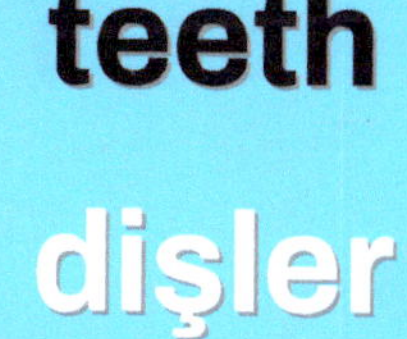

teeth

dişler

ear

kulak

tongue

dil

sun

güneş

moon

ay

star

yıldız

tree

ağaç

bird

kuş

coat

palto

pants

pantolon

dress

elbise

shoes

ayakkabı

red

kırmızı

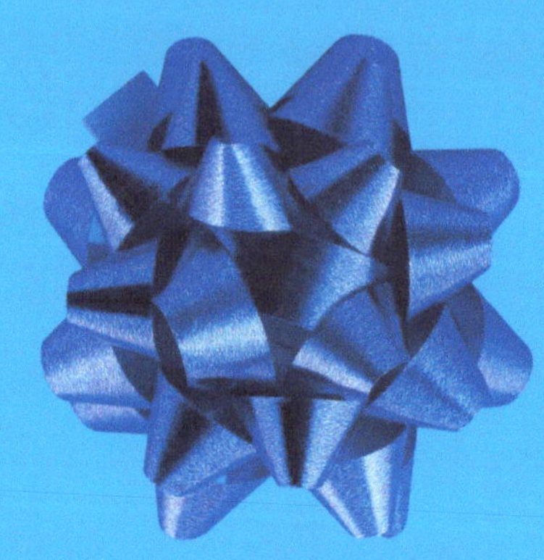

blue

mavi

yellow

sarı

pink

pembe

white

beyaz

green

yeşil

black

siyah

multicolored
rengârenk

rainbow

gökkuşağı

apple

elma

banana

muz

tomato

domates

orange

portakal

carrot

havuç

peas

bezelye

potato

patates

corn

mısır

lemon

limon

grapes

üzüm

pear

armut

watermelon

karpuz

zucchini

kabak

egg

yumurta

mushroom

mantar

square

kare

circle

daire

rectangle

dikdörtgen

triangle

üçgen

cat

kedi

dog

köpek

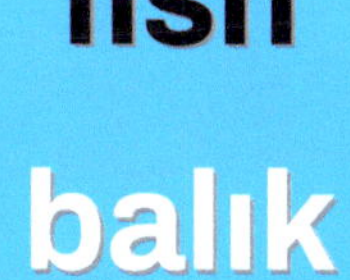

fish

balık

cow

inek

duck

ördek

chick

civciv

hen

tavuk

frog

kurbağa

pig

domuz

rabbit

tavşan

mouse

fare

horse

at

sheep

koyun

flower

çiçek

butterfly

kelebek

ladybug

uğur böceği

snail

salyangoz

cake

pasta

bread

ekmek

clock

saat

key

anahtar

book

kitap

ball

top

table

masa

plate

tabak

chair

sandalye

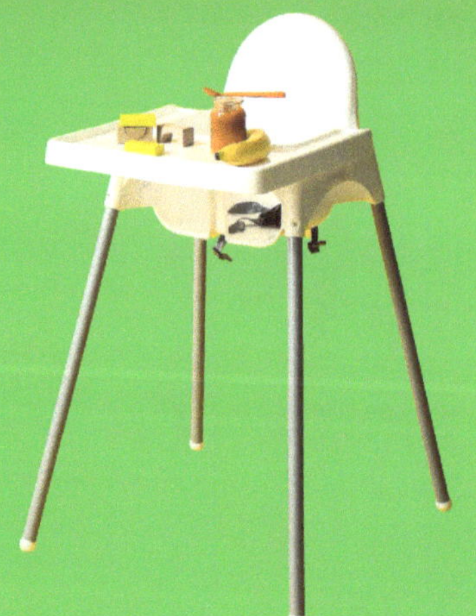

high chair

mama sandalyesi

fork

çatal

knife

bıçak

spoon

kaşık

cup

kupa

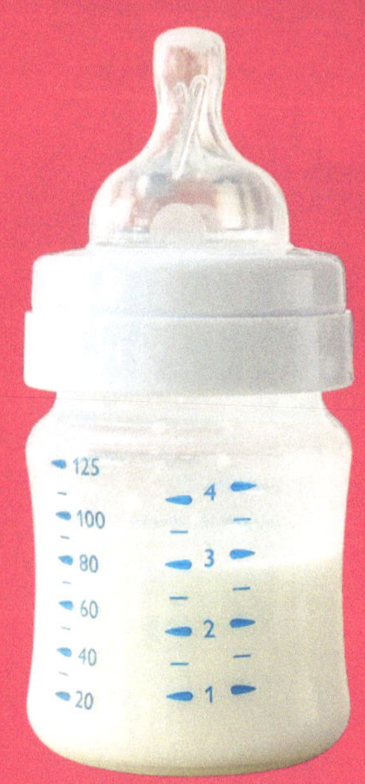

baby bottle

biberon

glass

bardak

bed

yatak

crib

beşik

teddy bear

oyuncak ayı

pacifier

emzik

towel

havlu

sink

lavabo

toothbrush

diş fırçası

soap

sabun

toilets

tuvalet

potty

lazımlık

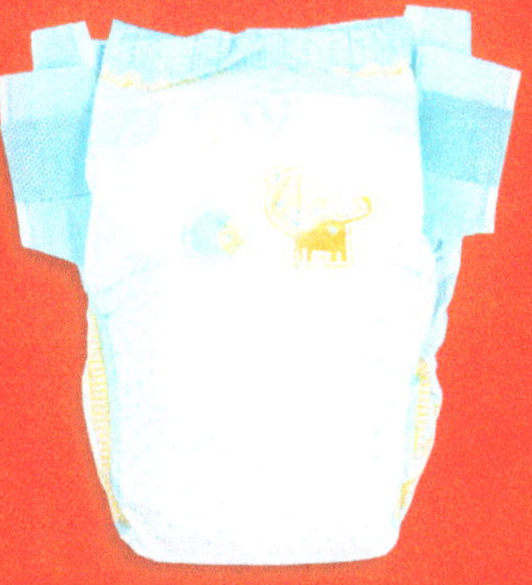

diaper

bebek bezi

car

araba

bike

bisiklet

plane

uçak

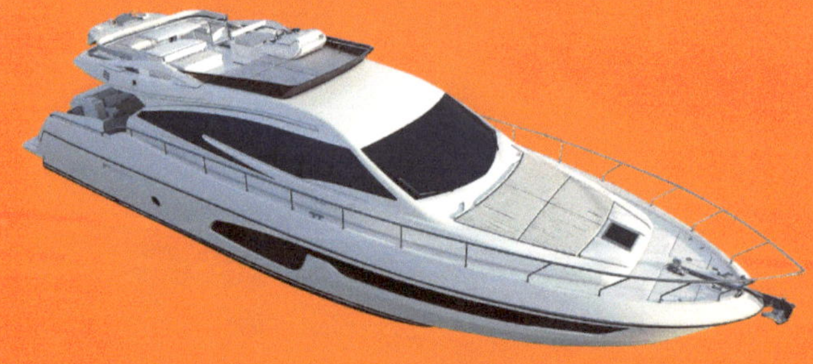

boat

tekne

firetruck

itfaiye arabası

train

tren

toys

oyuncaklar

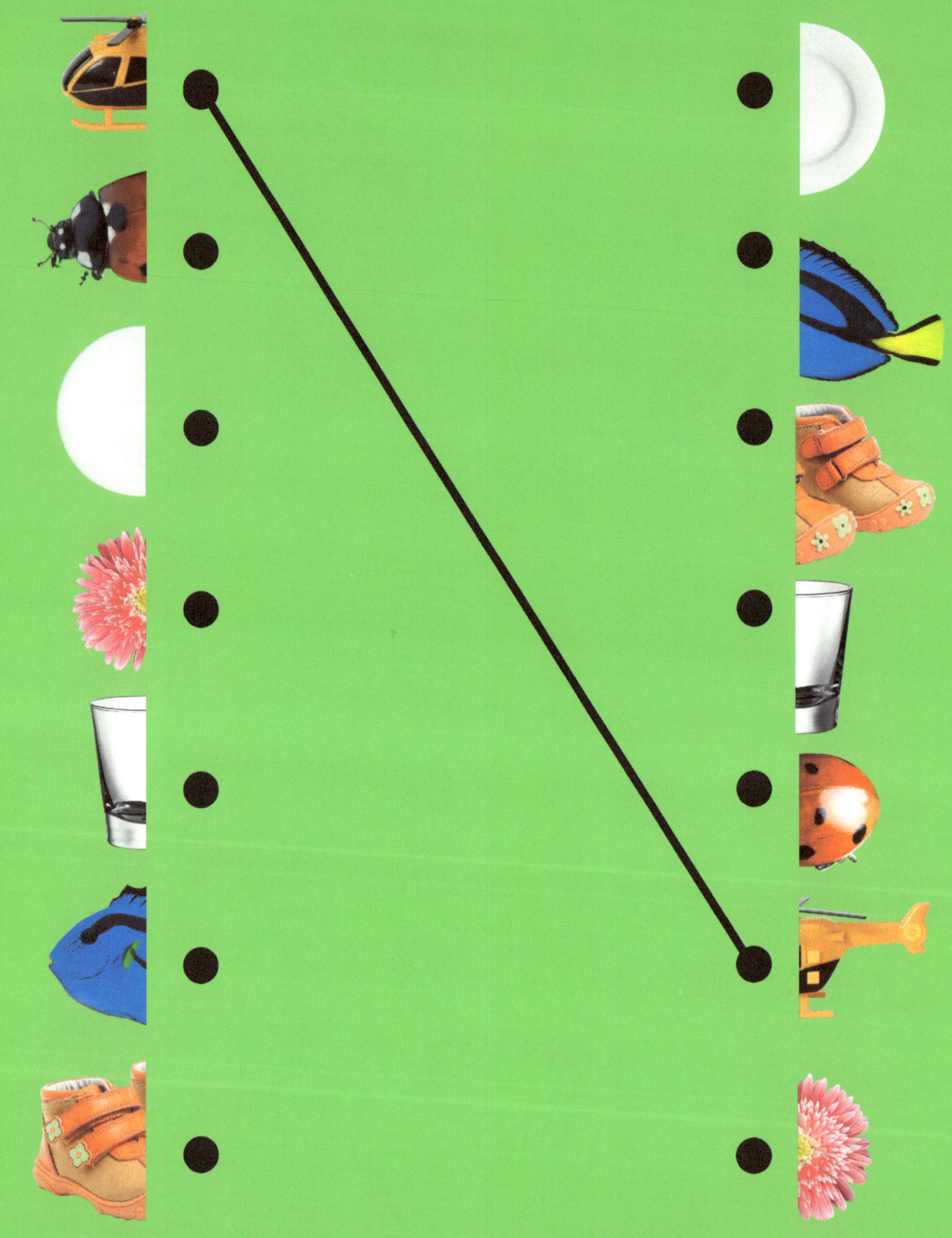

www.ingramcontent.com/pod-product-compliance
Lightning Source LLC
LaVergne TN
LVHW071636180726
843512LV00002B/324